100% sales regel

100% sales regel

Jasmin Hajro

Jasmin Hajro

© 2020 Jasmin Hajro

All rights reserved

Written by Jasmin Hajro

Translated by Jasmin Hajro

Edited by Jasmin Hajro

Cover design by

Jasmin Hajro

First edition 2020

Hallo,

ja 4,99 of 9,99 eurie

je weet dat dat euros is toch ?

Als je meteen je gaat beklagen, klagen dus,

dan moet je niet verder lezen ….

Het leven is niet perfect, wij mensen zijn in ieder geval niet perfect…en wij maken fouten en foutjes…

Eerst de prijs ?

Het verhaal over de ''hobbit'' kun je voor 4,99 of 9,99 kopen

Het verhaal over de clown IT kun je ook voor 4,99 of 9,99 kopen..

Na het lezen van die verhalen heb je Niks

Ik bedoel niet dat het geen goede verhalen zijn, ze zijn fantastisch….

Maar jij hebt dan gewoon Niks

En de bedoeling is dat je er heel wat aan overhoudt

toch ?

Tips, actiestappen , strategie, tactiek,

die je resultaten opleveren...

Je wil volgens mij je omzet, je sales,, je winst en je banksaldo verdubbelen…

Als de prijs een drempel voor je was, dan ben je er hopelijk over heen, anders moet je dit boekje niet gaan lezen…

Mijn bedrijf was eerst eenmanszaak Hajro,

ik was de eigenaar,

ik ben het gestart op 1 september 2015…

Het verkoopt wenskaarten offline,

huis aan huis, sets van 5 wenskaarten.

Op 3 december 2019 heb ik Hajro BV opgericht,

bij de notaris, op 4 december was het ingeschreven bij de KvK.

Het verkoopt wenskaarten, cadeaugeschenken

in dit geval koffiemokken gevuld met snoep,

boeken en dergelijke….

Dergelijke is mijn auteur merchandise,

bedrukte T shirts met slogans van mijn boeken.

Het verkoopt alleen boeken die ik heb geschreven…

De dochteronderneming is Hajro Uitgeverij,

zodat ik minder belasting betaal over de verdiensten van mijn boekenverkoop…

Misschien moet je eerst even lezen wat er op mijn auteur website staat….

Je kan het vinden op

www.jasminhajro6.webnode.nl

Daar kun je ook een bundel van mij gratis downloaden...

mijn eerste 10 boekjes vertaald naar het engels...

Ik zal het ook hier even voor je samenvatten,

zodat we verder kunnen gaan...

Ik heb mijn boeken gepubliceerd bij vele selfpublishing bedrijven

zoals Kobo.com , Lulu.com, Amazon.com bij hun KDP

Kindel Direct Publishing, bij Streetlib.com, draft2digital.com

en mijnmanagementboek.nl

Ik ben dan auteur en mijn eigen uitgever...Ze bieden uitgeven in eigen beheer aan...

Dus ze zetten alleen je boek te koop in hun webshop.

Je moet zelf de promotie en marketing en al het andere doen.

Als mensen je boek kopen in hun webshop,

dan betalen ze je netjes je royalties uit

Dat is 70% of minder van de verkoopprijs…

Ik heb ook traditionale uitgevers benaderd…

Op een van hun websites stond het volgende :

De meeste boeken zijn geschreven door ghostwriters…

Staat er letterlijk

en die uitgever biedt ook die dienst aan….

Nou….

De meest auteurs zijn experts in iets…

vaak het onderwerp van hun boek....

Wat zegt je dat wat er stond....

Wat zegt dat jou

over de meeste experts ?????

Ze hebben niet eens hun eigen boek geschreven,

dat heeft iemand anders gedaan,

dus ze hebben geen expertise....

Ze zijn nep....

Meer acteurs dan wat anders....

Ik heb mij geschaamd om ergens te vermelden dat ik maar gemiddeld E 500,- per maand verdien…

met mijn bedrijf…dat is mijn maandelijks gemiddelde dit jaar

het jaar 2020…

En dat ik maar 500 boeken had verkocht

waarvan betaalde en gratis titels….

Maar nou niet meer….

Dat is hoe het in de realiteit gaat…

met een echt bedrijf en een echte auteur

Ik heb al mijn boeken zelf geschreven, verbeterd

zelf mijn covers gemaakt, zelf vertaald naar het engels

en zelf gepubliceerd

wardoor ik mijn eigen uitgever ben,

tegenwoordig is mijn Hajro BV mijn uitgever

omdat dat belasting technisch voordeliger is.

Daarom zijn veel van die ''auteurs''

niet bereikbaar via email of post of telefonisch….

Ze doen het volgens mij om de volgende 2 redenen…

Oh trouwens als ze zeggen : ik heb geen tijd om te schrijven …

Bullshit…

Dus je werkt 16 uur per dag en 7 dagen per week,

zodat je alleen tijd hebt om te slapen en te werken

en niet 1 uurtje op iedere zondag vrij hebt om te schrijven ???

Wie leeft er zo ?

Je ziet dat het gelul en leugens zijn…

Ze doen het omdat ….

1. Het is makkelijker

2. Het is beter als een ervaren schrijver of copywriter het boek schrijft, dan is de kans veel groter dat het boek goed verkoopt en ze er dus geld aan verdienen.

Maakt het moeilijker voor ons , nietwaar ?

Maakt het moeilijker voor jou, als lezer

om te kiezen voor echte schrijvers en echte ondernemers…

En het maakt het moeilijker voor mij, als schrijver,

om jouw vertrouwen te winnen,

om een relatie van vertrouwen op te bouwen,

zodat je een boek van me koopt en doet wat er in staat en je leven
of je business positief verandert…

Vind je niet ?

Nou moet ik aan jou gaan uitleggen,

dat ik echt ben, echte klanten heb en een echt bedrijf…

Je kan Hajro BV vinden bij www.kvk.nl

Dat zegt je al dat het bestaat, echt is en belasting betaalt.

Op onze bedrijfs website kun je de rest van de informatie vinden

op www.hajro.be

Je zult snel merken dat we geen fysieke winkel hebben en ook
geen online webwinkel.

We hebben een bedrijfs website,

en we verkopen producten aan consumenten,

via huis aan huis verkoop.

Alles is gericht op direct sales.

Omdat ik na 5 jaar,

maar 2 bestellingen had,

terwijl ik offline duizenden sets wenskaarten heb verkocht.

Waarom zou ik tijd besteden aan een webwinkel

of aan een blog….

Misschien heb je hier al wat dingen geleerd ….

Heb je ze ook genoteerd ?

Ben je een serious student ?

Of wat …..

Dus op mijn auteur websites,

mijn 2de …

mijn eerste had ik te laat betaald en die ging offline,

dus heb ik een 2de gemaakt,

waar ik je over vertelde

de www.jasminhajro6.webnode.nl

Noteer die ook maar in je aantekenboekje…

Ik noem mezelf een schrijver

omdat ik flyers, folders, spaarboekje, websites en boeken heb geschreven….

Ik ben uiteraard ook een auteur

een echte auteur van meer dan 45 boekjes…

Ja wow,

ik ben productief….

Ik heb vele en hoge doelen

en ik wil voor mijn familie kunnen zorgen…

dus doe ik meer dan gemiddeld…

Als jij een boekje hebt geschreven of gaat schrijven

als je een website nodig hebt….

Bespaar jezelf 65 of 100 euro per jaar

en maak er Gratis een op

www.webnode.nl

Je krijgt dan ook zo'n lange websitenaam….

Maar dat is het enige nadeel

voor de rest werkt het prima

is het makkelijk te maken en vooral

het is online 24/7, 365

24 uur per dag , 7 dagen per week, 365 dagen per jaar

Je kan een website hebben voor jezelf , als auteur of ondernemer
of expert in iets

en een voor je business, voor je bedrijf....

Ik positioneer mijzelf vooral tegen neppe ''experts''

op mijn auteur site.

Dit wordt een trouwens kort boekje…

Kun je daar tegen ?

9,99 betalen voor misschien hooguit 20 pagina's ?

Kan je het aan ?

Ik geloof van wel…

Want je komt niet voor een fantastisch hobbit verhaal…

maar voor praktische tips , ttoch ?

En dat is een toch met 2 t's…

Niks aan 't handje…

toch ?

Of ben ik niet zo professioneel ?

Oh god….

Misschien zijn ook heel wat professionals nep….

Ik zal me even kort voorstellen,

je kan mijn biografie ook op mijn auteur website lezen,

wat ik je had voorgesteld om eerst te doen.

Ik ben Jasmin Hajro,

geboren in Sarajevo, Bosnie op 6 juli 1985.

We zijn gevlucht naar Nederland toen ik 10 jaar oud was.

Ik heb de deel van de lagere school gedaan en daarna mavo en heb een mavo diploma.

Waar ik later weinig aan had, toen ik werk zocht.

Ik heb verscheidene baantjes gehad,

vaak productiewerk via uitzendbureaus.

Het langste heb ik voor Landal Greenparcs gewerkt,

4,5 jaar , eerst als afwasser daarna als kok.

Mijn eerste bedrijf gestart 0- 17 december 2012,

gefaald, omdat ik weinig wist van verkopen en marketing.

Kreeg een kans om wenskaarten te verkopen namens een stichting, tkreeg sales training….

toen die mensen uit elkaar gingen,

heb ik mijn eigen stichting opgericht, stichting Giveth Life.

Kon daarmee niet fulltime wenskaarten verkopen,

En ik starte mijn 2de bedrijf,

eenmanszaak Hajro op 1 september 2015,

Ik bleef wenskaarten sets verkopen,

nou jaren later is mijn bedrijf Hajro BV

en heeft het aandelen..

Ik ben de Dga oftewel directeur groot aandeelhouder

en net als 5 jaar geleden ben ik overal verantwoordelijk voor.

Je kan het vinden op www.hajro.be

Ik werkte zo'n 6 a 7 dagen per week,

het huis aan huis verkopen…

in stad Doetinchem, Gaanderen, Wehl, Terborg , Didam en omstreken…

Na 1 jaar iedere week werken…

ja

1 jaar, iedere week

plus 10 boekjes schrijven

raakte ik uitgeput

en nou rust ik altijd op zondag

en ik neem als het nodig is ook op zaterdag en woensdag vrij…

Gemiddeld zet ik die beschamende E 500,- euro per maand om…

Mijn BV betaalt veel minder belasting dan een eenmanszaak…

Weer iets voor je notes…

Investeer 400 a 500 euro in een bv.

Richt het op bij de notaris,

je kan gaan waar ik ben geweest…

026Notariaat te Arnhem…

Op de lange termijn scheelt het je duizenden euros aan belasting.

Omdat er zo veel neppe ''experts'' zijn

schaam ik me nou niet zo voor mijn cijfers als eerst…

Ik maak een normale ontwikkeling door…

Zoals Brian Tracy zegt :

''Ít takes 7 years to master a skill''

Dat is verkopen in mijn geval

en dan wel

direct sales

met de klant voor mijn neus

in persoon.

Als je nou denkt : Ik kan weinig van je leren

vanwegen je omzet.

Dan moet je gaan

en iets anders gaan lezen…

Maar ik hoop dat je hebt geleerd

dat veel ervan van neppe experts komt

en van proffesoren en andere theoretici

die geen ervaring met verkopen of ondernemen hebben.

Dat zijn mijn sales van mijn mokken, wenskaarten en boeken

...ik heb ook wat steun gehad van de overheid,

vanwegen corona...

Echte cijfers...wie zou zoiets nou laten zien ?

Goed

ik heb in 2017 mijn sales verdubbelt

2017 jul 23 sales

2017 aug 32,5 sales

2017 sept 43,5 sales

2017 okt 18 sales

2017 nov 86

november was mijn beste maand ooit…

Ik heb in 2018 mijn sales verdubbelt

2018 jul 12 sales

2018 aug 52,5 sales

2018 sept 103 sales

Mijn beste maand ooit in september 2018

Ik heb in 2019 mijn sales verdubbelt

2019 sept 59,5 sales

2019 okt 86 sales

2019 nov 130 sales

New personal best in november 2019

Ik heb mijn sales verdubbelt in 2020

2020 maa 70 sales

2020 apr 77 sales

2020 mei 92 sales

2020 jun 143 sales

New personal best in juni , dit jaar

Mijn gemiddelde maandelijkse omzet in 2019 was E 282,79

Mijn gemiddelde maandelijke omzet in 2020 is E 500,-

Dat is bijna een verdubbeling...

Dat heb ik voornamelijk gedaan door te focussen op de kernactiviteiten.
Dat is bij mij : het verkopen van wenskaarten, mokken en pennen….
huis aan huis

Boeken verkoop gaat voornamelijk online

Dan S. Kennedy zegt : ''Every business is the same''
Dus wat voor mijn bedrijf geldt , geldt ook voor jouw bedrijf, qua sales en marketing...

Zoals je ook hebt gelezen op mijn auteur website, is mijn materiaal niet voor luie mensen…
mensen die alleen bereid zijn om 1 ding te doen….
1 stapje, terwijl 5 of 10 stapjes nodig zijn

Als jij ook zo bent, zoek wat anders om te lezen, in de hoop dat alleen lezen je resultaten opbrengt….

Hier begint ook het werkboek

Deze oefening heb ik van Brian Tracy geleerd en je gaat hem doen.

I

Bestel dit boek ook als paperback bij Lulu.com of Mijnmanagementboek.nl zodat je gelijk je notes erin kan schrijven, je ideeen en je het altijd terug kan lezen, zoals iedere maand.

II

Bedenk 20 manieren om je sales
te vergroten. Beantwoord 20 x de vraag :
Hoe maak ik meer sales ?

1. Ik verdubbel de tijd dat ik aan het
verkopen ben.
2. Ik doe voer de tactiek uit, zodat meer
mensen kopen. De actie 2 halen ,
1 betalen
3. Ik lees minimaal iedere maand een
boek over verkopen, het liefst
 iedere week 1
4. Ik werk 6 dagen per week,
ik verkoop dus ook iedere zaterdag
5
6
7
8
9
10
11
12

13
14
15
16
17
18
19
20
21
22

Jij vult de rest in en
GAAT HET DOEN
Doe ieder stap
Jij wil toch resultaten ?
Doe de oefening en doe iedere stap.

III
Focus je op het verkopen,
het is het belangrijkste in jouw werkleven als verkoper En het belangrijkste in jouw werkleven als ondernemer.

Jazeker.

1. Vergeet tv,
2. vergeet social media,
3. check je post 1 x per maand
4. check je email 1 x per week of 1 x snel per dag
5. Lees ieder dag over verkopen
6. luister dagelijks naar audioboeken en seminars en webinars over verkopen of ondernemen

Leer meerdere inkomens te scheppen voor jezelf…

1. Schrijf verhalen op
www.medium.com
en schrijf je in voor hun partner programme, zodat je betaald wordt als mensen jouw verhalen schrijven
2 schrijf boeken en publiceer ze bij self publishers, zoals ik heb gedaan.
3 Maak sales in de ochtend, maak sales in de middag, maak sales in de avond
Probeer ook sales te maken op je vrije dag en wanneer je slaapt…
Serieus, wanneer het nacht is bij ons en jij slaapt, dan is het dag aan de andere kant van de wereld…
Hallo
Hallo
Opportunity…
Hallo

4. Doe de oefening, beantwoord 20 x de vraag, Hoe schep ik 20 verschillende inkomens ?

Doe de oefening
En daarna …
DOE DE STAPPEN…
Make it happen….

Je hebt het al vast eens gehoord of
gelezen……
Maakt mij niks uit
want je gaat het nog een keer lezen …
Investeer in jezelf !

Vraagje….
Het jaar is bijna om…
Hoeveel boeken over verkopen, heb je
dit jaar gelezen ?

Hoeveel boeken over verkopen heb je al
vast voor volgend jaar besteld ?
Vooruit denken..
Verdubbel het aantal boeken
dat je bestelt om in jezelf te investeren
Ze mogen best allemaal over verkopen
en communicatie gaan…

Ga aan de slag ! Doe de stap !
Als je niet een boek per maand of week
over verkopen uitleest, pak het boek
vast en slap jezelf ermee
Van pijn leer je ook..

Stap 5 ofzo

Verkoop 100% van je werktijd !

Werk je 8 uur er dag,
verkoop dan alleen 8 uur per dag,
niks anders

Moet je ook tijd besteden aan adminis
tratie of marketing, dan komen er % van
tijd bovenop je 100% van je tijd

Dus 8 uur per dag verkopen,
en daarna
lees je het goed en begrijp je het goed
???
zodat je het ook goed gaat doen ??

Verkoop 100% van je tijd dus 8 of 9 uur
er dag, daarna besteed je een half uurtje
aan je administratie
of belastingzaken
of promotie
of bestuderen van je vak.

Als je tot hier bent gekomen …
Gefeliciteerd, je wilt echt beter worden in verkopen, of sales zoals we wel eens zeggen…
Dat waardeer ik ,
onthoud aub de

100% sales regel

Weet je nog hoe die gaat ?

Die gaat je sales , je business en je leven en portemonnee veranderen ….!

Jazeker…

Maar eerst nog een dingetje :

JE MOET DE 100% SLAES REGEL
WEL
DOEN !!!

Iedere dag weer
6 of 7 dagen per week

Word affiliate van Amazon.com en zet wat van hun links van goed verkopende producten op jouw web site….

Kan wat extra centjes opleveren toch ?

Nadat je 100% van je werktijd hebt
gespendeerd aan sales ,
bestudeer dan marketing voor 1 uurtje
per dag….

Dan zit je aan 9 uur per dag
Nou en ?

De tijd gaat toch wel voorbij….

Maar 1 ding wordt zeker,
jij hoeft niet meer te zitten wachten op
geld, want je gaat veel meer verdienen.

Nadat je 100% van je werktijd hebt
besteed aan verkopen,
en daanrna 1 uurtje aan marketing,
besteed dan 1 uurtje aan leren van copy
writing…

Dan zit je aan 10 uur per dag …
Nou en de tijd gaat toch wel voorbij

Maar 1 ding is zeker :
je gaat je winst en je banksalso ver
dubbelen….

Heel veel stapjes die je nou hebt gelezen,
verklaren het enorme succes van weini
gen en het falen van velen…

Want velen, de meesten dus,
zijn maar bereid om 1 stapje te doen.

Lees en herlees dit boekje vaak,
zo vaak als iedere maand en laat het op
je bureau staan als reminder
en doe de stapjes

Hierna lees je het krachtige boekje
the Ultimate Winning Strategy
for salespeople and business owner

Bedenk goed...deze is ook weer voor je notes…
Dat de McDonalds
7 dagen per week open is
erg succesvol is
en iedere dag sales maakt en iedere dag winst maakt…

Daarna kun je boekje Wil je meer succes met huis aan huis verkopen
lezen

en daarna nog een gratis boekje

Ik hoop dat je gaat doen, wat je geleerd hebt en dat daardoor je resultaten ver beteren.
Ik wens je veel succes.
Je vriend in sales & business
Jasmin Hajro

The Ultimate Winning Strategy,

for salespeople & business owners

how to triple your sales & profits

In this powerfull book you'll discover :

The bio of entrepreneur & author Jasmin Hajro

&

The Ultimate Winning Strategy for entrepreneurs

&

As a bonus : 4 previews

&

Plus a Bonus book :
Double your profits, extended

I sell sets of greetingcards and giftmugs door
to door in city Doetinchem and town Didam
in the Netherlands.
By now I am in business for myself
for 4 years. (Before this I had my forst business for
about 3 years,

investment firm Jasko)
My business is called establishment Hajro and you can find it at
www.hajro.be
We also donate to 40 charities.
And it has many subsidiaries, you can see them at :

My results in june 2018 : 15,5 sales (door2door) 1 membership sale 35,- euros in bookroyalties my results in july 2018 :
12 sales (door2door)
my results in august 2018 : 52,5 (door2door) 45,- euros in bookroyalties
my results in september 2018 : 103 sales (door2door) 37,- euros in bookroyalties.

The first thing you should learn from these numbers is to persist, no matter what.

The second thing you should learn from these numbers, is that I have tripled my sales & profits and that you can do the same.

By spending most of my time on selling, marketing, follow up and writing more books

That is what this book is about...

You can also find me at :
www.jasminhajro6.webnode.nl

The bio of author Jasmin Hajro, nice to meet you

Hello dear reader, how are you ?

Thank you for buying one of my books.

My name is Jasmin Hajro,
I was born on July 6, 1985 in Bosnia.
As refugees, we came to the Netherlands 21 years ago.
After having completed school & worked at several jobs ...

On 17 December 2012, I founded my first company: investment firm Jasko. After a successful first year, I unfortunately had to close that company.

After a short period of rest, unemployment and temporary work.

I started again as an entrepreneur.

On September 1, 2015, I founded establishment Hajro.

(We say establishment instead of company, because we do a bit more then just sell stuff. Like providing jobs, donating to 40 different charities, and helping people to live richer.)

Since the beginning the core activity is, selling sets of greeting cards, door to door.
Nowadays the product range has been expanded.

With, among other things, the selling of my 12 books.

The royalties of my books are donated to the charity: foundation Giveth Life.

From there more than 40 other charities
receive donations.
And by buying this book, so do you.
Thank you.

My company is now part of Hajro Group,

which consists of 19 different subsidiaries,
that are part of 1 umbrella organization.
Called Energy Now (Energie Nu)

For more information about my company
& the foundation, go to www.hajrobv.nl

" By the way, I started my first company in

2012. I have made more than 700 sales

since

1 September 2015 so far.

So I have a track
record in sales and
business,
and I know what I'm talking about. "

"" As you have probably already understood,
I earn my money by selling for my own company.
That's my work.

The proceeds from my books go to charity.

I write from experience,
I write to help people move
forward in their lives and
business "

The Ultimate Winning Strategy for entrepreneurs

How do we measure success in business?
With monetary points, with earned euro's or dollars.

What is a successful business?

Successful entrepreneurship =
selling a lot

We are therefore successfully running our business, if we sell a lot.

So success in doing business = selling a lot
(many sales realized / many sales closed)

Because sales means profits.

So what is the Ultimate Winning Strategy in business?

First we start with the concept,
then you get 2 examples from
real life

Have you noticed that supermarkets are open 7 days a week?

Supermarkets may be a less good example,

because we just have to eat and drink.

Have you been to the Esso gas station?
(Part of Exxon mobil corporation)
The Esso gas station has a shop
with staff, and is open 24 hours a
day, 7 days a week.

And no, even if it seems that we need petrol, the
Esso could also have become a self-service gas

station, where you fill your tank and pay with a creditcard.

But the Esso has a shop with staff, 24/7 .

What do the supermarkets do every day?

<u>They make sales and profits.
Every day !</u>

What does the Esso do every day and night?

The Esso makes sales day and night, every day.
<u>So the Esso makes profits, every day and night of the year</u>

The supermarkets and the Esso are successful
because they realize sales every day
and thus make profits every day.

<u>The Ultimate Winning Strategy for
entrepreneurs is</u>

<u> making profits every day.</u>

Make a profit every day of the year.

You do that by selling every day, and by daily closing sales.

Your advantage over your competition

If you sell every day & make profits every day, do you than have an advantage over companies who only make profits 5 days a week?

Example 1 from real life

I have been selling from Monday, September 18, 2017 untill Wednesday, September 27, 2017,
10 days in a row,
and made 22 sales
in total.

So every day I made sales & I made profits everyday.

That is the Ultimate Winning Strategy for entrepreneurs in action.
(in the real life of running your business)

Well if we are honest, then we know that the transaction value of sets of greeting cards is modest.
And therefore the profit per sale is also.

But do not be turned off by those numbers ... You will soon receive a real life example from someone who made 1 million.

<u>This was to make you understand the successful Concept of the Ultimate Winning Strategy for entrepreneurs and that you see proven that it works.</u>

You now understand that Concept,
you have seen some examples of
companies
applying the Ultimate Winning Strategy.
You have seen a real life example
from me I have proven to you that it
works.

And you are 100% assured that the Ultimate Winning
Strategy works.

People do not need
greeting cards like they
need food and drinks, but
they bought every day and
I made profits every day.

So it does not matter what kind of product or service you sell.

<u>The Ultimate Winning Strategy also works for you.</u>

<u>Next step</u>

You understand the Ultimate Winning Strategy for
entrepreneurs,
and you know it works.

So now you are going to do it.

You are going to implement it.

I'm not asking you to work 7 days a week,
although you should do it once.
(That will boost your confidence)

You can sell from Monday to
Friday & hire someone who sells
for you
from Saturday to Monday (a part-timer)

Then you will already have
sales every day and profits
every day.

If I can do it alone, then you can
certainly do it with 2 people!

Are there any other ways how you
can make sales everyday & profits
ever day?

Consider, think and find 20 ways, with which you can make sales everyday and therefore make profits everyday.

Write them down.

1 Hire a salesperson
2 Create a team of salespeople
3
4
5
6
7
8
9
10
11
12
13
14
15
16
17
18
19

Example 2 from real life

Go to www.youtube.nl and watch the video of Walter Bergeron, GKIC marketer of the year.

The video lasts about half an hour.

Pay close attention when he says: that means also on saturdays and sundays.

(that he was selling 7 days a week and making profits every day)

Have you seen what the Ultimate Winning Strategy for entrepreneurs can do for you?
Go to work,

go out selling every day & making profits every day.

Apply your 20
ways, give your
sales a boost,
make lots of
profits.
Every day of the year.

I wish you a lot of succes.

P.S. If you have liked this book and got good value
from it, than would you be so kind
to recommend it to people that you know.
So that it also helps them forward.
Thank you.

I would like to give you another book as a gift

It's called Recipe for Happiness, and it can help you achieve your sales and businessgoals.

Beacuse If you are more relaxed and happy, you will be more productive

You can read it on the following pages.

Enjoy.

The Recipe for Happiness

A book has been written about a true story ...
About a man who was imprisoned in
a concentration camp at the time of
Hitler, and happy.

So, Happiness has nothing to do with your circumstances.
It has everything to do
with, your choice to be
happy,
regardless of circumstances.

Choose to be happy.

Of course there are touhger times in
life, like when someone you love,
dies.
That's part of life.
Those times of grief you just have to go through and process.

Processing is best done by talking
about it, to get it off your chest
regularly.

Or by writing about it,
if you write down a situation or your feelings about
it, then it's on paper,

and it is less in your head.

Writing is a good outlet.

Processing is also done well by: staying busy.
Whether that is in your work or your hobby.
They say: a rolling stone does not collect
moss. So stay busy ....

Okay, now you have learned a good lesson about how to
better process negative life experiences.

But you're here for the Recipe for Happiness, right?

Well, the lesson you've learned will
help to make the recipe work better
for you.

Here it comes then …

You have probably read a local
newspaper, and you regularly check the
news.
(the daily news on television)

Have you noticed that about 99% of it is bad news?

Only
misery .. If you did
not know better,
you would think that the whole world is going to perish.

If it's a habit for you,
to watch the news every day for half an hour …

Have you ever wondered if it's healthy for you?
Does it make you
happy ? Of course
not !

The easiest way to change a habit is by replacing
it with a new habit.

So from today on, instead of watching the worldly news half an hour a day ………..

Watch COMEDY for half an hour a day.

Mandatory.

Every day.

Well, now at half past eight in the evening it's not news time, but Comedy time.

If you watch comedy, you relax & you laugh. Sounds healthier, doesn't it?

Well, laughing every day is easy to do, right?

And replacing your old bad habit in this way, with a nice, healthy new habit, is probably easier than you thought.

Except for the fact that relaxation is good for you, when you laugh, also your body makes endorphins. Those are natural happiness substances.

Well, after 21 days of daily watching comedy, you will have formed a new habit.

So watch Comedy every day.

You can watch a lot of standup comedy on Youtube for free. Simple?

Sure,
but you have
to do it, every
day,
until you don't have to think about it
anymore, and you start doing it
automatically.

Some Happiness Ingredients in a row:

- Watch comedy every day, at least one hour.

- Eat ice cream, treat someone with an ice cream.

- Work out, throw out your frustration by playing tennis or go for a run.

- Pee in the yard (and if you get a fine for urinating, laugh your ass off)

- Do not worry, life is too short for that (by staying busy, you do not have time to worry) – Hug the people that you love

- Go enjoy a cup of coffee or tea

- Buy or save a cat or some other pet

- When you receive money, immediately save a part of it

- Don't let the media scare you, the world is not getting worse, the world is getting better.

- Sex, need I say more
 (when you have sex your body also
- produces endorphins = those natural happiness substances)

    Maybe the Recipe for
Happiness is different than
you had expected....
    But that doesn't
matter, the point is
that it works &
that it will help you to live happier.

    Do it, it is
easier then looking
with a sour face.
If you liked this book & got some value from it.
Would you then be so kind,
    please,

to recommend it to
the people that you
know.
So that they too can
enjoy it and live happier.
Thank you very much.

It was my pleasure to write and translate this
book (my third one) for you.
I hope it helps you to live happier.
(I know it will, if you do the things it teaches)

And I hope, that we can together make a
contribution to more happiness in the world.
We can.
If you recommend this book and share it.
Then I will promote it.
And together we will make a
contribution to a happier world.

I would appreciate it if you would write a short review.

       Thank you for your effort.
       Kind regards,
       Jasmin Hajro

Preview book Build your fortune

the Pay yourself first principle

It means that when you receive your money, you first pay yourself, by for example, setting aside a tenth.

To clarify your result, we will make an example calculation.

For example, you earn 3000 euros or dollars per month.
And you pay yourself first, in other words: you put aside a tenth (10%) of your income. So you save 300, - euros per month.

A year has 12 months,
So after 1 year you'll have (12 x 300) = 3600, - euros.
After 1 year you have put a whole month's salary aside.

If you put aside a tenth every month, how much will you have after 10 years? (3600 x 10) = 36000, - euro.

So after 10 years you have 36000 euros or a whole year's salary in your saving account.

Later on in this book: Build your Fortune, you'll see how to make that amount that you put aside each month.
Grow faster.

Preview book Build your Fortune

10% of everything

It is important that when you first pay
yourself, by setting aside 10%.
That you put 10% of everything aside.

Of course 10% of your income.

But also 10% of the tips if you
receive any, also 10% of your surtax,
also 10% of the money you receive as
a gift, also 10% of your 13th month,
also 10% of your bonus,
also 10% of your wage
increase, also 10% of your
tax refund,
also 10% of your welcome bonus,
also 10% of your holidaypay.

No matter from which angle or from whom you receive
money, the first thing you do with it, is
to pay yourself first.
By setting aside a tenth of it.

End of preview.

Preview book Moneymaker

Moneymaker 3

The bible for entrepreneurs, written by an entrepreneur.
So your daily reading.
No, it's not about GOD.
It says, written by an entrepreneur .....

YOU READ ONLY BOOKS WHICH ARE WRITTEN
BY PEOPLE WHO HAVE THEIR OWN
COMPANY !!
Do you understand ?

This way you prevent feeding your mind with
BULLSHIT.
And that you will model
BULLSHIT. So you save yourself
time and money.

Ok, then a bit about that Entrepreneurial Bible.
It is called No Excuses, the Power of self discipline
And is written by Brian Tracy
And yes, he has his own company.

Otherwise his name would not be here.

It comes down to self discipline.
And self discipline makes you feel very good about
yourself.
When you exercise, for example, while most people
watch TV.
When you work on a Saturday, while most people have
a weekend. When you take a step towards achieving
your goals on Sunday.

The above 3 examples require discipline from you.
But 1, 3, 5 years from
now where will you wind
up ?

And where will most people wind up ?

Have you ever worked a day with pain because your teeth were broken?
Have you ever worked with only 2 hours of sleep, the night before?
Have you ever worked without having slept the night before?

It was probably easier to watch TV then .....
But if I did, then I would be a Bullshitter for you, and not someone who you respect.
I disciplined myself and went to work.

Oh yeah, buy the entrepreneurial bible.
NOW.

Previeuw book Moneymaker

Moneymaker 2.

Two things that you have to spend your time on daily
Which 2 are they?
Watch TV and be on Facebook?

Without B.S., so:
SALES & DIRECT MARKETING
If you sell something (sales), then profit comes in.

If you become good at (direct marketing), then profit comes in.
With marketing you save yourself time while selling. You do not have to explain who you are and what your company does during your presentation.

How many hours per working day do you spend on sales?
How many hours per working day do You spend on Direct Marketing?

WHAT HAPPENS IF YOU ONLY SPEND YOUR WORKINGTIME ON SALES & DIRECT MARKETING ??

Will you have more profits and therefore more money?

End of preview
For more information about this book by me, go to
www.hajrobv.nl

<u>Small introduction with establishment Hajro</u>

Establishment Hajro is committed to helping the people
in the province of Gelderland,
by providing jobs and keeping people
working, by donating to more than 40
Charities, and by helping people to live
richer.

Today Hajro is a subsidiary of Hajro Group.
The Hajro Group consists of 19 different companies,
who are all part of 1 umbrella organization. Called
Energy Now (Energie Nu)

We now have several products & services, and we
support more than 40 charities.

Visit us at **www.hajrobv.nl** and
discover what more we can do for
you.

Hopefully you will become a raving fan & customer of us.

However you choose,
I wish you a lot of
prosperity & happiness.
Kind regards,
Jasmin Hajro

Met vriendelijke groet,

Jasmin Hajro

Hajro bv

Unieke wenskaarten,
cadeaugeschenken & boeken

KvK : 76564770

www.hajro.be

Author website :

www.lulu.com/spotlight/jasmin hajro

oude kaartje

Het kortste boekje in de geschiedenis van boeken over verkopen misschien ? Dan wordt het maar een bundel… Met o.a. → antwoord op hoe je meer verkoopt met huis aan huis direct sales.. –> waarom kleine winsten goed zijn en hoe je die makkelijk toevoegt aan wat je nu verkoopt → hoe je beter presteert door meer te ontspannen → waar je een unieke kans vindt om een betaalbare franchise te starten met een goede reputatie v/d onderneming met unieke producten waarvan je er makkelijk veel verkoopt omdat je ervaring hebt met huis aan huis verkopen → advies getrasht, het principe blijft hetzelfde P.S. Als je lui bent en niks uit dit boek gaat doen, of denkt dat door het alleen te lezen je leven magisch verandert. Dan hoef je het niet te lezen ! Hallo mijn naam is Jasmin Hajro ik ben op 1 september 2015 mijn eenmanszaak Hajro gestart, dat sets wenskaarten verkoopt en doneert aan Goede Doelen. Op 3 december 2019 heb ik er een bv van gemaakt, ik heb toen Hajro bv opgericht. Dat veroopt wenskaarten, cadeaugeschenken en boeken online en offline & doneert aan 40 Goede Doelen. Onze website is www.hajro.eu Met offline bedoel ik huis aan huis verkopen… Dat doe ik al meer dan 4 jaar, het geeft me voldoening en geld. Ik doe het graag… Er zijn natuurlijk wel dagen geweest dat ik er geen zin in had, dat ik moe was, te vermoeid, te uitgeput, beetje ziek en me miserabel voelde… Vaak ging ik dan alsnog werken… Er werd me afgeraden om advies te geven in mijn boeken over ondernemen, vanwege mijn toenmalige omzet… Dat advies gaan we nu trashen… Omdat het principe hetzelfde blijft… Dus of ik nou 100,- in een maand verdienen met huis aan huis verkopen Of dat ik 600,- euro in een maand verdienen met huis aan huis verkopen Of dat ik 1200,- euro verdien met huis aan huis verkopen… Het principe blijft hetzelfde .. De 5 steps & de 8 steps. Je kent ze wel. Je hebt ze geleerd op je sales training. Er waren ook wel wat andere redenen voor de lage omzet… ik ben bestolen, getaserd en gedrogeerd… Shit happens… Maar dat is misschien stof voor een ander boek.. Ik raad je wel aan om camera's te kopen en in je huis te zetten.. Als mensen geld ruiken, dan komen ze het halen op smerige manieren… zoals door je te drogeren… Anyway hier wat cijfers… 2019 Jan 51 sales, 14 pennensales = 269,- Feb 77 sales, 4 pennensales plus 35,- boekenroyalties = 424,- Maa 54 sales, 5 pennensales = 275,- Apr 33 sales = 165,- Mei 33 sales, boekenroyalties 34,46 , bijbaan 367,63 in totaal = 567,09 Jun 2 sales, bijbaan 733,94 in totaal = 743,94 Jul 2 sales, bijbaan 1313,12 in totaal = 1323,12 Aug 22 sales = 160,- Sept 59,5 sales = 297,50 Okt 86 sales, 2 pennensales, 1 lid abonnement twv 22,50, bijbaan, boekenroyalties 20,- = 504,50 Nov 130 sales , 12 pennensales = 662,- Dec 81 sales , 12 pennensales = 417,- _____ 2020 Jan 121 sales, 10 pennensales plus 10,50 boekenroyalties = 625,50 Dus je ziet dat ik van 33 sales in april 2019 naar 130 sales ben gegaan in december 2019. Het principe blijft hetzelfde. Ik heb me toen gewoon wat meer gefocust op huis aan huis verkopen en heb meer tijd doorgebracht huis aan huis met prospects en klanten. Maar het principe blijft hetzelfde .. ook al heb ik 4 x meer verdient.. Zelfde stad, zelfde mensen, zelfde producten, zelfde prijzen… De 5 steps en de 8 steps. De principe blijft hetzelfde. Dat is wat ik van mijn coaching sessies heb geleerd… 1 focusssen op mijn corebusiness (het verkopen van wenskaarten en cadeaubekers, huis aan huis) 2 innoveren, de mensen meer keuze bieden (ik heb toen verschillende designs wenskaarten voor verjaardagen ontworpen) Maar ik zeg het nog maar 1 x het principe bleef hetzelfde ook al verdiende ik 4 x meer met huis aan huis verkopen En 3 kleine winsten zijn juist goed (want als een aantal klanten niet meer bij je koopt, voel je dat niet zo , want het zijn maar eurotjes) Heb je al wat wijsheid gevonden ? Of vind je het korte boekje teleurstellend en geen 2,99 euro waard.. Het kan je duizenden euro's opleveren… dat wat je zonet hebt gelezen.. Als je het ook gaat DOEN. En trouwens, de openbaring : met kleine winsten kun je een goed inkomen verdienen Zie je met 8 a 9 sales per dag… zelfs al betaalt iedere klant je maar 5,- euro dan heb je al een normaal inkomen per maand. Je ziet ook aan het schema.. dat als je een paar uurtjes op zaterdag en een paar uurtjes op zondag gaat lopen verkopen, het zich opstapelt aan het einde v/d maand… Je weekend verdienste kun je mooi op je Fortuin rekening zetten van je doordeweekse verdiensten kun je leven. En trouwens…. Je kan rusten na wat sales 5 klantjes op zaterdag en je bent vrij… hele dag nog voor je… 5 klantjes op zondag en je bent de rest van de dag vrij… Maar toch mooi E 50,- euro op je Fortuin rekening gezet. En toch uit kunnen rusten en leuke dingen kunnen doen. Dat is toch veel beter. Het is je waarschijnlijk ook geleerd om je niet te gedragen zoals de meeste mensen , in je sales training… Dus een paar uurtjes op zaterdag lopen verkopen en een paar uurtjes op zondag lopen verkopen, ieder weekend wat geld op je Fortuin rekening zetten en je hebt een voorsprong op de meeste mensen schrijf je doelen ook nog op en bestudeer je verkoop vak en je gaat naar de top van de maatschappij en de mensen. Dus je verkoopt meer met huis aan huis verkoop : → als je gefocust iedere dag gaat verkopen → als je doorzet wanneer je geen zin hebt en het moeilijk is → als je mensen verschillende varianten van je product biedt → als je relaties opbouwt, zodat je vaste klanten krijgt, door contact te houden met die mensen → als je volgens mijn schema werkt → als je meer tijd huis aan huis doorbrengt met presenteren aan prospects en klanten → als je ook op zaterdag en op zondag een aantal uurtjes gaat verkopen → als je geld spaart en kan investeren in bijvoorbeeld een bedrukte pen, die je dan voor 1,- eurotje per stuk verkoopt want kleine winsten zijn juist goed → als je een flyer of folder achterlaat bij geinteresseerden , als een pro (niet bezorgen maar achterlaten) > als je blijft leren en je vak bestuderen → als je je aftrekt of klaarvingert voordat je gaat werken, want dan ben je meer ontspannen → als je jogt of sport waarbij je gaat zweten, want daarna ben je gelukkiger en meer ontspannen en dus effectiever in verkopen en volhouden en doorzetten. –> als je altijd doorzet, wat the fuck er ook gebeurt Dat is hoe ik van 33 sales naar 130 sales ben gegaan.. en zo zal ik van 130 sales naar 260 sales gaan… Het principe blijft hetzelfde en hopelijk ga je meer verkopen huis aan huis dankzij mijn adviezen uit deze bundel... 2 van mijn goede dagen...Ik weet dat ik het kan & Ik weet ook dat Jij het Kan Ik wens je veel succes Hierna komen nog enkele boekjes om een betaalbare franchise te vinden, om beter te presteren door meer te ontspannen en hoe je met zo iets simpels als een bedrukte pen, flink wat eurotjes op je Fortuin rekening kan zetten.. Vergeet niet om goed voor jezelf te zorgen, veel fun te hebben, goed en regelmatig uit te rusten en veel plezier te maken en te genieten van je leven… Nadat je sales hebt gemaakt dan… Zoals Jim Rohn zegt : If you live well, you will do well Meer succes met een flexibele instelling _____ ''Beste mevrouw Verlaan, hierbij een korte update over de stand van zaken... Ik heb mijn houding veranderd naar een flexibele instelling... En heb besloten alle hulp aan te vragen en aan te nemen die er is, en naast het bedrijf enkele dagen in loondienst te gaan werken. Ik heb een bijzondere bijstand, meedoenregeling en GarantVerzorgd aangevraagd... Vreemd genoeg zijn ze alledrie afgewezen. Ik heb daarnaast ook een gewone bijstand aangevraagd, en heb mijn gesprekken met de arbeidsconsulente en de inkomenconsulente gehad, en alle stukken aangeleverd. Ze beslissen over 6 a 7 weken. Zoals u kunt zien op mijn lopende Direct rekening, werk ik al enige weken part time bij Rabelink , als lader/losser, via Randstad. Uit eigen initiatief. Ik ga ook weer gesprekken hebben met GGnet, en heb gesprekken met de buurtcoach Marc Niels. We hadden Hajro als dochteronderneming toegevoegd aan Energie Nu, het bedrijf van mijn zusje. Zodat de naam behouden bleef en ik in mijn vrije tijd eraan kon werken.. Om uiteindelijk een doorstart te maken. Het ging op zich prima, ik werkte enkele dagen bij Rabelink & verkocht daarnaast ook mijn wenskaartjes. Omdat ook mijn zusje een bijstand heeft aangevraagd, ze is inmiddels zwanger van haar 2de kindje, was het beter dat ze zich uitschreef bij de KvK.... Beter voor het regelen van inkomen en woning. Ik zal dus in de aankomende 12 maanden mijn Hajro BV oprichten, en ik blijf daarbij in loondienst werken..... Hopelijk kan ik in de tussentijd als energieadviseur aan het werk gaan, dat werk kan ik jarenlang volhouden en ik kan er veel meer mee verdienen, heb ook 3 jaar ervaring in de verkoop, (er zijn mogelijkheden om dat te doen met een basisloon) & ik zou het uiteindelijk ook namens mijn BV kunnen blijven doen. Allereerst moet ik mijn moeder fatsoenlijk kostgeld betalen (ik loop daarmee maanden achter, er was niet genoeg geld voor) dat hoort minimaal 250,- euro per maand te zijn. Daarna zal ik mijn openstaande nota's betalen, in termijnen. Dus na het kostgeld, zal ik mijn lopende Basis rekening aanzuiveren, en daarna agenderen dat er 150,- per maand naar de Rabo financieringmaatschappij gaat voor mijn Doorlopend Krediet. En de rest v/d nota's in termijnen voldoen. Bedankt voor uw geduld tot nu toe. Mijn excuses dat het zo lang duurt. Ik doe wat ik kan. Ik vond het wel zo fatsoenlijk om u te berichten over de stand van zaken, de vooruitgang kunt u volgen op mijn Direct rekening. Met vriendelijke groeten, Jasmin Hajro '' De bio van auteur Jasmin Hajro, even kennis maken Hallo beste lezer, hoe gaat het ? Bedankt voor kopen van boekje Recept voor Geluk. Mijn naam is Jasmin Hajro, ik ben geboren op 6 juli 1985 in Bosnie. Als vluchtelingen kwamen we naar Nederland, 21 jaar geleden. Na school te hebben doorlopen & verscheidene banen... Heb ik op 17 december 2012, mijn eerste onderneming opgericht: beleggingsbedrijf Jasko. Na een succesvol eerste jaar, heb ik helaas de onderneming moeten sluiten. Na een korte periode van rust, ww en tijdelijk werk. Begon ik weer als ondernemer. Op 1 september 2015, heb ik onderneming Hajro opgericht. Sinds het begin is de kernactiviteit, het verkopen van setjes wenskaarten, deur tot deur. Tegenwoordig is het assortiment uitgebreid. Met o.a. de verkoop van mijn 10 boeken. De royalties van mijn boeken worden gedoneerd aan het Goede Doel : stichting Giveth Life. Mijn onderneming heet tegenwoordig Hajro Groep, en bestaat uit 20 verschillende dochterondernemingen, die onderdeel zijn van 1 overkoepelende organisatie. Voor meer informatie over mijn onderneming & de stichting, ga naar www.hajrobv.nl 2 Juni alweer…. De tijd gaat zo snel…. Eigenlijk was mei een goede maand…. Op wat dingen na… Maar tjah, het leven heeft een positieve kant en een negatieve kant… Toch maar weer begonnen aan een nieuw boekje… nummer 27 mijn 27ste boekje… Laten we er iets meer dan een ''boekje '' van maken… Zo'n 100 pagina's met ervaringen uit het echte leven en misschien ook wat waardevols voor jou… misschien zit er wel een ''gouden les'' in verborgen….. Ik heb ook goed nieuws voor je… Misschien is mijn 26ste boek : Gewoon doorgaan wel een van mijn beste…. Ik heb er mijn best op gedaan en er werk van gemaakt. Het kwam door wat ik een keer las over een schrijftser die paranoide wakker wordt met de gedachte dat haar nieuwe boek beter moet zijn dan de vorige want anders voldoet ze niet aan de verwachtingen van haar lezers haar klanten. Dus ik heb mijn 26ste boek : Gewoon doorgaan ook mijn beste proberen te maken Het is in ieder geval een waargebeurd verhaal en spannend. Maar ik zal proberen van deze # 27 een nog beter te maken… Je komt naar mij voor de waarheid & helpvolle gidsen… Dat is wat ik schrijf….. Dit boek zal dan een beetje van allebei zijn…. De Waarheid = ervaringen uit mijn leven & een helpvolle gids = een idee/strategie/systeem, die werkt boek Het Recept voor Geluk Er is een boek geschreven over een waar gebeurd verhaal... Een man die in een concentratiekamp zat ten tijde van Hitler, en gelukkig was. Dus, geluk heeft Niks te aken met jouw omstandigheden. Het heeft alles te maken met, jouw keuze om gelukkig te zijn, ongeacht omstandigheden. Kies ervoor om gelukkig te zijn. Natuurlijk zijn er mindere periodes in het leven, zoals wanneer iemand waar je van houdt, overlijdt. Dat hoort bij het leven. En periodes van verdriet met je gewoon verwerken. Verwerken doe je het beste door erover te praten, je hart te luchten, regelmatig. Door erover te schrijven, als je een situatie of je gevoelens erover opschrijft, dan staat het op papier, en zit het minder in je hoofd. Schrijven is een goede uitlaatlep. Verwerken doe je ook goed door : bezig te blijven. Of dat nou in je werk of je hobby is. Ze zeggen : een rollende steen vergaart geen mos. Dus blijf bezig.... Oke, een goede les geleerd om negatieve ervaringen beter te verwerken. Maar je bent hier voor het Recept voor Geluk, toch ? Nou, de les hiervoor helpt je om het Recept beter voor je te laten werken. Hier komt ie dan... Je leest vast wel 's een lokaal krantje, en je kijkt vast regelmatig naar het journaal (het dagelijkse nieuws op tv) Is je al opgevallen dat het voor 99% Slecht nieuws is ? Alleen maar ellende.. Als je niet beter wist, zou je denken dat de hele wereld aan het vergaan is. Als het voor jou een gewoonte is, om dagelijks een half uurtje naar het journaal te kijken... Heb je er wel's bij stil gestaan of dat wel gezond is ? Word je er gelukkig van ? Natuurlijk Niet ! Het makkelijkste verander je een gewoonte door het te vervangen met een nieuwe gewoonte. Dus vanaf vandaag ga jij in plaats van dagelijks een half uurtje naar de wereldellende op het journaal te kijken……….. Een half uurtje per dag naar COMEDY kijken. Verplicht. Iedere dag. Nou is half 8 in de avond geen nieuwstijd, maar Comedy tijd. Als je naar comedy kijkt, ontspan je & lach je. Klinkt al gezonder, vind je niet ? Nou, iedere dag lachen is makkelijk te doen, toch ? En je oude slechte gewoonte vervangen, met een leuke, gezonde nieuwe gewoonte, is ook makkelijker dan je had gedacht. Behalve dat ontspanning goed voor je is, maakt wanneer je lacht, jouw lichaam endorfines aan. Dat zijn natuurlijke geluksstofjes. Nou, je hebt na 21 dagen, een nieuwe gewoonte gevormd. Dus kijk iedere dag Comedy. Je kan veel standup comedy op Youtube, gratis kijken. Simpel ? Zeker, maar je moet het wel even doen, iedere dag, totdat je er niet meer over na hoeft te denken, en je het automatisch gaat doen. Even wat Geluksingredienten op een rij : – Kijk iedere dag comedy, minimaal een uur – Eet ijs, trakteer iemand op een ijsje – Ga sporten, lekker van je afslaan met tennis of lekker hardlopen – Pis in de tuin (en als je een boete krijgt voor wildplassen, dan lach je je helemaal stuk) – Maak je geen zorgen, het leven is te kort daarvoor (door bezig te blijven, heb je geen tijd om je zorgen te maken) – Knuffel mensen waar je van houdt – Ga gezellig een kopje koffie drinken – Neem een kat of een ander huisdier – Als je geld ontvangt, spaar gelijk een deel ervan – Laat je niet bang maken door de media, de wereld wordt niet slechter, de wereld wordt steeds beter. – Sex, need I say more (als je sex hebt maak je ook endorfines = geluksstofjes aan) Misschien is het Recept anders dan je had verwacht, maar daar gaat het niet om, het gaat erom dat het werkt & jou helpt gelukkiger te leven. Doe het, het is makkelijker dan zuur te kijken. Als je dit een goed boek vindt, wil je dan zo vriendelijk zijn om het aan te raden bij mensen die jij kent. Zodat ook zij ermee vooruit worden geholpen. Dank je. Previeuw Bouw Jouw Fortuin het Betaal jezelf eerst principe Het betaal jezelf eerst principe. Het betekent dat wanneer je jouw geld ontvangt, je eerst jezelf betaalt door bijvoorbeeld een tiende opzij te zetten. Om het resultaat hiervan te verduidelijken, maken we een voorbeeld berekening. Je verdient bijvoorbeeld 3000,- euro per maand. En je betaalt jezelf eerst, oftewel : je zet een tiende (10%) van je inkomen opzij. Dus 300,- euro per maand. Het jaar heeft 12 maanden, dus na 1 jaar heb je (12 x 300) = 3600,- euro. Na 1 jaar heb je een heel maand salaris opzij gezet. Als je iedere maand een tiende opzij zet, hoeveel heb je dan na 10 jaar ? (3600 x 10) = 36000,- euro. Dus na 10 jaar heb je 36000,- euro oftewel een heel jaar salaris opzij gezet. Verderop in dit boek : Bouw jouw Fortuin, ziet u hoe u dat bedrag dat u maandelijks opzij zet. Harder kunt laten groeien. Previeuw Bouw Jouw Fortuin 10 % van alles Het is belangrijk dat wanneer je eerst jezelf betaalt, door 10 % opzij te zetten. Dat je 10 % van alles opzij zet. Natuurlijk 10 % van je inkomen. Maar ook 10 % van de fooi als je die krijgt, ook 10 % van je toeslagen, ook 10 % van je cadeaugeld, ook 10 % van je 13de maand, ook 10 % van je bonus, ook 10 % van je loonsverhoging, ook 10 % van je belasting teruggaaf, ook 10 % van je welkomstpremie. Vanuit welke hoek of van wie dan ook je geld ontvangt, het eerste wat je doet is jezelf eerst betalen. Door een tiende ervan opzij te zetten. Einde previeuw Voor meer informatie over dit boek , ga naar onze verbeterde website : www.hajrobv.nl Previeuw boek Moneymaker Moneymaker 3. de bijbel voor ondernemers, geschreven door een ondernemer. Dus jouw dagelijkse kost. Nee, het gaat niet over GOD. Er staat, geschreven door een ondernemer..... JIJ LEEST ALLEEN MAAR BOEKEN DIE GESCHREVEN ZIJN DOOR MENSEN DIE EEN EIGEN BEDRIJF HEBBEN !! Begrijp je dat ? Zo voorkom je dat je geest voedt met BULLSHIT. En dat je BULLSHIT gaat modelleren. Dus bespaar je jezelf tijd en geld. Ok, dan even over die Ondernemersbijbel. Het heet No Excuses, the Power of self discipline En is geschreven door Brian Tracy En ja die heeft een eigen bedrijf. Anders stond zijn naam hier Niet. Het komt toch op zelf discipline neer. En zelf discipline maakt dat jij je heel erg Goed voelt over jezelf. Als je gaat sporten bijvoorbeeld, terwijl de meeste mensen tv aan het kijken zijn. Als je op zaterdag werkt, terwijl de meeste mensen weekend houden. Als je op zondag een stap zet richting het bereiken van je doelen. Bovenstaande 3 voorbeelden, vereisen zelf discipline van jou. Maar over 1, 3, 5 jaar waar sta jij dan ? En waar de meeste mensen ? Wel's een dag gewerkt met pijn omdat je tanden afgebroken waren ? Wel's gewerkt met 2 uurtjes slaap, de nacht ervoor ? Wel's gewerkt zonder te hebben geslapen, de nacht ervoor ? Het was vast makkelijker om toen, tv te gaan kijken..... Maar dan zou ik nou voor jou een Bullshitter zijn, en niet iemand die je respecteert. Oh jah, koop de ondernemersbijbel. NU. Previeuw boek Moneymaker Moneymaker 2. Twee dingen waar je dagelijks je tijd aan MOET besteden Welke 2 zijn dat ? Tv kijken en op Facebook zitten ? Zonder BULLSHIT, dus : SALES & DIRECT MARKETING Als je iets verkoopt (sales), dan komt er winst binnen. Als je goed wordt in (direct marketing), dan komt er winst binnen. Met marketing bespaar je jezelf tijd tijdens het verkopen. Je hoeft tijdens je presentatie niet uit te leggen wie je bent en wat je onderneming doet. Hoeveel uur per werkdag besteed Jij aan sales ? Hoeveel uur per werkdag besteed Jij aan Direct Marketing ? WAT GEBEURT ER ALS JE ALLEEN MAAR JE TIJD BESTEEDT AAN SALES & DIRECT MARKETING ?? Heb je dan meer winst en dus meer geld ? Einde previeuw Voor meer info over dit boek van mij, ga naar www.hajrobv.nl Kleine introductie met oprichting Hajro Hajro zet zich in voor de mensen in provincie Gelderland, door mensen aan het werk te houden, door te doneren aan Goede Doelen, en door jou te helpen om rijker te leven. Tegenwoordig is Hajro een dochteronderneming van Hajro Groep. De Hajro Groep bestaat uit 20 verschillende ondernemingen, die allemaal deel uit maken van 1 overkoepelende organisatie. We hebben nou verschillende producten & diensten, en we steunen meer dan 40 Goede Doelen. Bezoek ons op www.hajrobv.nl en ontdek wat we nog meer voor jou kunnen betekenen. Hopelijk word je een lovende klant van ons. Ik wens je in ieder geval veel voorspoed & geluk. Meer boeken van Jasmin Hajro : Victorious serie : 1. Bouw jouw Fortuin 2. Moneymaker 3. Recept voor Geluk 4. de Reddingsboei voor banken"loyaal bankieren" 5. de Ultieme Winnende Strategie voor ondernemers 6. Gedichten, grapjes en boek 7. Victorie 8. Victorie II 9. Altijd werk & altijd geld op zak, iedere dag 10. Dingen die je Niet wil weten Work to shine serie : 1. Moeilijke tijden overwinnen 2. Victorie III 3. jouw Eigen Bedrijf starten & succesvol maken, in de keiharde realiteit waar 't niemand interesseert 4. Coole jongen 5. De pen die je 100.000,- euro oplevert 6. Tieten, hoe schrijf ik een boek ? 7. Te persoonlijk, handgeschreven 8. Te persoonlijk, handgeschreven II 9. Beveiligen & beschermen van jouw zaken & jouw bedrijf 10. De kunst van goed advies geven Mama Azema serie : Voor jou You legend serie : Grote ballen Vrede religie Legacy serie : 1. Actie als strategie 2. Je kan het (pre order) 3. de Ultieme Winnende Strategie, voor schrijvers 4. Gewoon doorgaan Overige titels : Double your profits Oprichting Hajro, het conglomeraat Double your profits, extended Bundels : Het grootse, beste & meest spectaculaire boek ter wereld Victorious series Verdubbel je winst & je banksaldo in 4 maandjes Work to shine serie jouw Word een schrijver gids I jouw Word een schrijver gids II Maximale winst Het kortste boekje in de geschiedenis van boeken over verkopen misschien ? Dan wordt het maar een bundel… Met o.a. → antwoord op hoe je meer verkoopt met huis aan huis direct sales.. –> waarom kleine winsten goed zijn en hoe je die makkelijk toevoegt aan wat je nu verkoopt → hoe je beter presteert door meer te ontspannen → waar je een unieke kans vindt om een betaalbare franchise te starten met een goede reputatie v/d onderneming met unieke producten waarvan je er makkelijk veel verkoopt omdat je ervaring hebt met huis aan huis verkopen → advies getrasht, het principe blijft hetzelfde P.S. Als je lui bent en niks uit dit boek gaat doen, of denkt dat door het alleen te lezen je leven magisch verandert. Dan hoef je het niet te lezen ! Hallo mijn naam is Jasmin Hajro ik ben op 1 september 2015 mijn eenmanszaak Hajro gestart, dat sets wenskaarten verkoopt en doneert

aan Goede Doelen. Op 3 december 2019 heb ik er een bv van gemaakt, ik heb toen Hajro bv opgericht. Dat veroopt wenskaarten, cadeaugeschenken en boeken online en offline & doneert aan 40 Goede Doelen. Onze website is www.hajro.eu Met offline bedoel ik huis aan huis verkopen… Dat doe ik al meer dan 4 jaar, het geeft me voldoening en geld. Ik doe het graag… Er zijn natuurlijk wel dagen geweest dat ik er geen zin in had, dat ik moe was, te vermoeid, te uitgeput, beetje ziek en me miserabel voelde… Vaak ging ik dan alsnog werken… Er werd me afgeraden om advies te geven in mijn boeken over ondernemen, vanwege mijn toenmalige omzet… Dat advies gaan we nu trashen… Omdat het principe hetzelfde blijft… Dus of ik nou 100,- in een maand verdienen met huis aan huis verkopen Of dat ik 600,- euro in een maand verdienen met huis aan huis verkopen Of dat ik 1200,- euro verdien met huis aan huis verkopen… Het principe blijft hetzelfde .. De 5 steps & de 8 steps. Je kent ze wel. Je hebt ze geleerd op je sales training. Er waren ook wel wat andere redenen voor de lage omzet… ik ben bestolen, getaserd en gedrogeerd… Shit happens… Maar dat is misschien stof voor een ander boek.. Ik raad je wel aan om camera's te kopen en in je huis te zetten.. Als mensen geld ruiken, dan komen ze het halen op smerige manieren… zoals door je te drogeren… Anyway hier wat cijfers… 2019 Jan 51 sales, 14 pennensales = 269,- Feb 77 sales, 4 pennensales plus 35,- boekenroyalties = 424,- Maa 54 sales, 5 pennensales = 275,- Apr 33 sales = 165,- Mei 33 sales, boekenroyalties 34,46 , bijbaan 367,63 in totaal = 567,09 Jun 2 sales, bijbaan 733,94 in totaal = 743,94 Jul 2 sales, bijbaan 1313,12 in totaal = 1323,12 Aug 22 sales = 160,- Sept 59,5 sales = 297,50 Okt 86 sales, 2 pennensales, 1 lid abonnement twv 22,50, bijbaan, boekenroyalties 20,- = 504,50 Nov 130 sales , 12 pennensales = 662,- Dec 81 sales , 12 pennensales = 417,-
_____ 2020 Jan 121 sales, 10 pennensales plus 10,50 boekenroyalties = 625,50 Dus je ziet dat ik van 33 sales in april 2019 naar 130 sales ben gegaan in december 2019. Het principe blijft hetzelfde. Ik heb me toen gewoon wat meer gefocust op huis aan huis verkopen en heb meer tijd doorgebracht huis aan huis met prospects en klanten. Maar het principe blijft hetzelfde .. ook al heb ik 4 x meer verdient.. Zelfde stad, zelfde mensen, zelfde producten, zelfde prijzen… De 5 steps en de 8 steps. De principe blijft hetzelfde. Dat is wat ik van mijn coaching sessies heb geleerd… 1 focusssen op mijn corebusiness (het verkopen van wenskaarten en cadeaubekers, huis aan huis) 2 innoveren, de mensen meer keuze bieden (ik heb toen verschillende designs wenskaarten voor verjaardagen ontworpen) Maar ik zeg het nog maar 1 x het principe bleef hetzelfde ook al verdiende ik 4 x meer met huis aan huis verkopen En 3 kleine winsten zijn juist goed (want als een aantal klanten niet meer bij je koopt, voel je dat niet zo , want het zijn maar eurotjes) Heb je al wat wijsheid gevonden ? Of vind je het korte boekje teleurstellend en geen 2,99 euro waard.. Het kan je duizenden euro's opleveren… dat wat je zonet hebt gelezen.. Als je het ook gaat DOEN. En trouwens, de openbaring : met kleine winsten kun je een goed inkomen verdienen Zie je met 8 a 9 sales per dag… zelfs al betaalt iedere klant je maar 5,- euro dan heb je al een normaal inkomen per maand. Je ziet ook aan het schema.. dat als je een paar uurtjes op zaterdag en een paar uurtjes op zondag gaat lopen verkopen, het zich opstapelt aan het einde v/d maand… Je weekend verdienste kun je mooi op je Fortuin rekening zetten van je doordeweekse verdiensten kun je leven. En trouwens…. Je kan rusten na wat sales 5 klantjes op zaterdag en je bent vrij… hele dag nog voor je… 5 klantjes op zondag en je bent de rest van de dag vrij… Maar toch mooi E 50,- euro op je Fortuin rekening gezet. En toch uit kunnen rusten en leuke dingen kunnen doen. Dat is toch veel beter. Het is je waarschijnlijk ook geleerd om je niet te gedragen zoals de meeste mensen , in je sales training… Dus een paar uurtjes op zaterdag lopen verkopen en een paar uurtjes op

zondag lopen verkopen, ieder weekend wat geld op je Fortuin rekening zetten en je hebt een voorsprong op de meeste mensen schrijf je doelen ook nog op en bestudeer je verkoop vak en je gaat naar de top van de maatschappij en de mensen. Dus je verkoopt meer met huis aan huis verkoop : → als je gefocust iedere dag gaat verkopen → als je doorzet wanneer je geen zin hebt en het moeilijk is → als je mensen verschillende varianten van je product biedt → als je relaties opbouwt, zodat je vaste klanten krijgt, door contact te houden met die mensen → als je volgens mijn schema werkt → als je meer tijd huis aan huis doorbrengt met presenteren aan prospects en klanten → als je ook op zaterdag en op zondag een aantal uurtjes gaat verkopen → als je geld spaart en kan investeren in bijvoorbeeld een bedrukte pen, die je dan voor 1,- eurotje per stuk verkoopt want kleine winsten zijn juist goed → als je een flyer of folder achterlaat bij geinteresseerden , als een pro (niet bezorgen maar achterlaten) > als je blijft leren en je vak bestuderen → als je je aftrekt of klaarvingert voordat je gaat werken, want dan ben je meer ontspannen → als je jogt of sport waarbij je gaat zweten, want daarna ben je gelukkiger en meer ontspannen en dus effectiever in verkopen en volhouden en doorzetten. –> als je altijd doorzet, wat the fuck er ook gebeurt Dat is hoe ik van 33 sales naar 130 sales ben gegaan.. en zo zal ik van 130 sales naar 260 sales gaan… Het principe blijft hetzelfde en hopelijk ga je meer verkopen huis aan huis dankzij mijn adviezen uit deze bundel... 2 van mijn goede dagen...Ik weet dat ik het kan & Ik weet ook dat Jij het Kan Ik wens je veel succes Hierna komen nog enkele boekjes om een betaalbare franchise te vinden, om beter te presteren door meer te ontspannen en hoe je met zo iets simpels als een bedrukte pen, flink wat eurotjes op je Fortuin rekening kan zetten.. Vergeet niet om goed voor jezelf te zorgen, veel fun te hebben, goed en regelmatig uit te rusten en veel plezier te maken en te genieten van je leven… Nadat je sales hebt gemaakt dan… Zoals Jim Rohn zegt : If you live well, you will do well Meer succes met een flexibele instelling _____ ''Beste mevrouw Verlaan, hierbij een korte update over de stand van zaken... Ik heb mijn houding veranderd naar een flexibele instelling... En heb besloten alle hulp aan te vragen en aan te nemen die er is, en naast het bedrijf enkele dagen in loondienst te gaan werken. Ik heb een bijzondere bijstand, meedoenregeling en GarantVerzorgd aangevraagd... Vreemd genoeg zijn ze alledrie afgewezen. Ik heb daarnaast ook een gewone bijstand aangevraagd, en heb mijn gesprekken met de arbeidsconsulente en de inkomenconsulente gehad, en alle stukken aangeleverd. Ze beslissen over 6 a 7 weken. Zoals u kunt zien op mijn lopende Direct rekening, werk ik al enige weken part time bij Rabelink , als lader/losser, via Randstad. Uit eigen initiatief. Ik ga ook weer gesprekken hebben met GGnet, en heb gesprekken met de buurtcoach Marc Niels. We hadden Hajro als dochteronderneming toegevoegd aan Energie Nu, het bedrijf van mijn zusje. Zodat de naam behouden bleef en ik in mijn vrije tijd eraan kon werken.. Om uiteindelijk een doorstart te maken. Het ging op zich prima, ik werkte enkele dagen bij Rabelink & verkocht daarnaast ook mijn wenskaartjes. Omdat ook mijn zusje een bijstand heeft aangevraagd, ze is inmiddels zwanger van haar 2de kindje, was het beter dat ze zich uitschreef bij de KvK.... Beter voor het regelen van inkomen en woning. Ik zal dus in de aankomende 12 maanden mijn Hajro BV oprichten, en ik blijf daarbij in loondienst werken..... Hopelijk kan ik in de tussentijd als energieadviseur aan het werk gaan, dat werk kan ik jarenlang volhouden en ik kan er veel meer mee verdienen, heb ook 3 jaar ervaring in de verkoop, (er zijn mogelijkheden om dat te doen met een basisloon) & ik zou het uiteindelijk ook namens mijn BV kunnen blijven doen. Allereerst moet ik mijn moeder fatsoenlijk kostgeld betalen (ik loop daarmee maanden achter, er was niet genoeg geld voor) dat hoort minimaal 250,- euro per maand te zijn. Daarna zal ik mijn openstaande nota's betalen, in termijnen. Dus na het kostgeld, zal ik mijn lopende Basis rekening aanzuiveren, en daarna agenderen dat er 150,- per maand naar de Rabo financieringmaatschappij gaat voor mijn Doorlopend Krediet. En de rest v/d nota's in termijnen voldoen. Bedankt voor uw geduld tot nu toe. Mijn excuses dat het zo lang duurt. Ik doe wat ik kan. Ik vond het wel zo fatsoenlijk om u te berichten over de stand van zaken, de vooruitgang kunt u volgen op mijn Direct rekening. Met vriendelijke groeten, Jasmin Hajro '' De bio van auteur Jasmin Hajro, even kennis maken Hallo beste lezer, hoe gaat het ? Bedankt voor kopen van boekje Recept voor Geluk. Mijn naam is Jasmin Hajro, ik ben geboren op 6 juli 1985 in Bosnie. Als vluchtelingen kwamen we naar Nederland, 21 jaar geleden. Na school te hebben doorlopen & verscheidene banen... Heb ik op 17 december 2012, mijn eerste onderneming opgericht: beleggingsbedrijf Jasko. Na een succesvol eerste jaar, heb ik helaas de onderneming moeten sluiten. Na een korte periode van rust, ww en tijdelijk werk. Begon ik weer als ondernemer. Op 1 september 2015, heb ik onderneming Hajro opgericht. Sinds het begin is de kernactiviteit, het verkopen van setjes wenskaarten, deur tot deur. Tegenwoordig is het assortiment uitgebreid. Met o.a. de verkoop van mijn 10 boeken. De royalties van mijn boeken worden gedoneerd aan het Goede Doel : stichting Giveth Life. Mijn onderneming heet tegenwoordig Hajro Groep, en bestaat uit 20 verschillende dochterondernemingen, die onderdeel zijn van 1 overkoepelende organisatie. Voor meer informatie over mijn onderneming & de stichting, ga naar www.hajrobv.nl 2 Juni alweer…. De tijd gaat zo snel…. Eigenlijk was mei een goede maand…. Op wat dingen na… Maar tjah, het leven heeft een positieve kant en een negatieve kant… Toch maar weer begonnen aan een nieuw boekje… nummer 27 mijn 27ste boekje… Laten we er iets meer dan een ''boekje '' van maken… Zo'n 100 pagina's met ervaringen uit het echte leven en misschien ook wat waardevols voor jou… misschien zit er wel een ''gouden les'' in verborgen….. Ik heb ook goed nieuws voor je… Misschien is mijn 26ste boek : Gewoon doorgaan wel een van mijn beste…. Ik heb er mijn best op gedaan en er werk van gemaakt. Het kwam door wat ik een keer las over een schriftster die paranoide wakker wordt met de gedachte dat haar nieuwe boek beter moet zijn dan de vorige want anders voldoet ze niet aan de verwachtingen van haar lezers haar klanten. Dus ik heb mijn 26ste boek : Gewoon doorgaan ook mijn beste proberen te maken Het is in ieder geval een waargebeurd verhaal en spannend. Maar ik zal proberen van deze # 27 een nog beter te maken… Je komt naar mij voor de waarheid & helpvolle gidsen… Dat is wat ik schrijf….. Dit boek zal dan een beetje van allebei zijn…. De Waarheid = ervaringen uit mijn leven & een helpvolle gids = een idee/strategie/systeem, die werkt boek Het Recept voor Geluk Er is een boek geschreven over een waar gebeurd verhaal... Een man die in een concentratiekamp zat ten tijde van Hitler, en gelukkig was. Dus, geluk heeft Niks te aken met jouw omstandigheden. Het heeft alles te maken met, jouw keuze om gelukkig te zijn, ongeacht omstandigheden. Kies ervoor om gelukkig te zijn. Natuurlijk zijn er mindere periodes in het leven, zoals wanneer iemand waar je van houdt, overlijdt. Dat hoort bij het leven. En periodes van verdriet met je gewoon verwerken. Verwerken doe je het beste door erover te praten, je hart te luchten, regelmatig. Door erover te schrijven, als je een situatie of je gevoelens erover opschrijft, dan staat het op papier, en zit het minder in je hoofd. Schrijven is een goede uitlaatlep. Verwerken doe je ook goed door : bezig te blijven. Of dat nou in je werk of je hobby is. Ze zeggen : een rollende steen vergaart geen mos. Dus blijf bezig.... Oke, een goede les geleerd om negatieve ervaringen beter te verwerken. Maar je bent hier voor het Recept voor Geluk, toch ? Nou, de les hiervoor helpt je om het Recept beter voor je te laten werken. Hier komt ie dan... Je leest vast wel 's een lokaal krantje, en je kijkt vast regelmatig naar het journaal (het dagelijkse nieuws op tv) Is je al opgevallen dat het voor 99% Slecht

nieuws is ? Alleen maar ellende.. Als je niet beter wist, zou je denken dat de hele wereld aan het vergaan is. Als het voor jou een gewoonte is, om dagelijks een half uurtje naar het journaal te kijken... Heb je er wel's bij stil gestaan of dat wel gezond is ? Word je er gelukkig van ? Natuurlijk Niet ! Het makkelijkste verander je een gewoonte door het te vervangen met een nieuwe gewoonte. Dus vanaf vandaag ga jij in plaats van dagelijks een half uurtje naar de wereldellende op het journaal te kijken........... Een half uurtje per dag naar COMEDY kijken. Verplicht. Iedere dag. Nou is half 8 in de avond geen nieuwstijd, maar Comedy tijd. Als je naar comedy kijkt, ontspan je & lach je. Klinkt al gezonder, vind je niet ? Nou, iedere dag lachen is makkelijk te doen, toch ? En je oude slechte gewoonte vervangen, met een leuke, gezonde nieuwe gewoonte, is ook makkelijker dan je had gedacht. Behalve dat ontspanning goed voor je is, maakt wanneer je lacht, jouw lichaam endorfines aan. Dat zijn natuurlijke geluksstofjes. Nou, je hebt na 21 dagen, een nieuwe gewoonte gevormd. Dus kijk iedere dag Comedy. Je kan veel standup comedy op Youtube, gratis kijken. Simpel ? Zeker, maar je moet het wel even doen, iedere dag, totdat je er niet meer over na hoeft te denken, en je het automatisch gaat doen. Even wat Geluksingredienten op een rij : – Kijk iedere dag comedy, minimaal een uur – Eet ijs, trakteer iemand op een ijsje – Ga sporten, lekker van je afslaan met tennis of lekker hardlopen – Pis in de tuin (en als je een boete krijgt voor wildplassen, dan lach je je helemaal stuk) – Maak je geen zorgen, het leven is te kort daarvoor (door bezig te blijven, heb je geen tijd om je zorgen te maken) – Knuffel mensen waar je van houdt – Ga gezellig een kopje koffie drinken – Neem een kat of een ander huisdier – Als je geld ontvangt, spaar gelijk een deel ervan – Laat je niet bang maken door de media, de wereld wordt niet slechter, de wereld wordt steeds beter. – Sex, need I say more (als je sex hebt maak je ook endorfines = geluksstofjes aan) Misschien is het Recept anders dan je had verwacht, maar daar gaat het niet om, het gaat erom dat het werkt & jou helpt gelukkiger te leven. Doe het, het is makkelijker dan zuur te kijken. Als je dit een goed boek vindt, wil je dan zo vriendelijk zijn om het aan te raden bij mensen die jij kent. Zodat ook zij ermee vooruit worden geholpen. Dank je. Previeuw Bouw Jouw Fortuin het Betaal jezelf eerst principe Het betaal jezelf eerst principe. Het betekent dat wanneer je jouw geld ontvangt, je eerst jezelf betaalt door bijvoorbeeld een tiende opzij te zetten. Om het resultaat hiervan te verduidelijken, maken we een voorbeeld berekening. Je verdient bijvoorbeeld 3000,- euro per maand. En je betaalt jezelf eerst, oftewel : je zet een tiende (10%) van je inkomen opzij. Dus 300,- euro per maand. Het jaar heeft 12 maanden, dus na 1 jaar heb je (12 x 300) = 3600,- euro. Na 1 jaar heb je een heel maand salaris opzij gezet. Als je iedere maand een tiende opzij zet, hoeveel heb je dan na 10 jaar ? (3600 x 10) = 36000,- euro. Dus na 10 jaar heb je 36000,- euro oftewel een heel jaar salaris opzij gezet. Verderop in dit boek : Bouw jouw Fortuin, ziet u hoe u dat bedrag dat u maandelijks opzij zet. Harder kunt laten groeien. Previeuw Bouw Jouw Fortuin 10 % van alles Het is belangrijk dat wanneer je eerst jezelf betaalt, door 10 % opzij te zetten. Dat je 10 % van alles opzij zet. Natuurlijk 10 % van je inkomen. Maar ook 10 % van de fooi als je die krijgt, ook 10 % van je toeslagen, ook 10 % van je cadeaugeld, ook 10 % van je 13de maand, ook 10 % van je bonus, ook 10 % van je loonsverhoging, ook 10 % van je belasting teruggaaf, ook 10 % van je welkomstpremie. Vanuit welke hoek of van wie dan ook je geld ontvangt, het eerste wat je doet is jezelf eerst betalen. Door een tiende ervan opzij te zetten. Einde previeuw Voor meer informatie over dit boek , ga naar onze verbeterde website : www.hajrobv.nl Previeuw boek Moneymaker Moneymaker 3. de bijbel voor ondernemers, geschreven door een ondernemer. Dus jouw dagelijkse kost. Nee, het gaat niet over GOD. Er staat, geschreven door een ondernemer.....
JIJ LEEST ALLEEN MAAR BOEKEN DIE GESCHREVEN ZIJN DOOR MENSEN DIE

EEN EIGEN BEDRIJF HEBBEN !! Begrijp je dat ? Zo voorkom je dat je geest voedt met BULLSHIT. En dat je BULLSHIT gaat modelleren. Dus bespaar je jezelf tijd en geld. Ok, dan even over die Ondernemersbijbel. Het heet No Excuses, the Power of self discipline En is geschreven door Brian Tracy En ja die heeft een eigen bedrijf. Anders stond zijn naam hier Niet. Het komt toch op zelf discipline neer. En zelf discipline maakt dat jij je heel erg Goed voelt over jezelf. Als je gaat sporten bijvoorbeeld, terwijl de meeste mensen tv aan het kijken zijn. Als je op zaterdag werkt, terwijl de meeste mensen weekend houden. Als je op zondag een stap zet richting het bereiken van je doelen. Bovenstaande 3 voorbeelden, vereisen zelf discipline van jou. Maar over 1, 3, 5 jaar waar sta jij dan ? En waar de meeste mensen ? Wel's een dag gewerkt met pijn omdat je tanden afgebroken waren ? Wel's gewerkt met 2 uurtjes slaap, de nacht ervoor ? Wel's gewerkt zonder te hebben geslapen, de nacht ervoor ? Het was vast makkelijker om toen, tv te gaan kijken..... Maar dan zou ik nou voor jou een Bullshitter zijn, en niet iemand die je respecteert. Oh jah, koop de ondernemersbijbel. NU. Previeuw boek Moneymaker Moneymaker 2. Twee dingen waar je dagelijks je tijd aan MOET besteden Welke 2 zijn dat ? Tv kijken en op Facebook zitten ? Zonder BULLSHIT, dus : SALES & DIRECT MARKETING Als je iets verkoopt (sales), dan komt er winst binnen. Als je goed wordt in (direct marketing), dan komt er winst binnen. Met marketing bespaar je jezelf tijd tijdens het verkopen. Je hoeft tijdens je presentatie niet uit te leggen wie je bent en wat je onderneming doet. Hoeveel uur per werkdag besteed Jij aan sales ? Hoeveel uur per werkdag besteed Jij aan Direct Marketing ? WAT GEBEURT ER ALS JE ALLEEN MAAR JE TIJD BESTEEDT AAN SALES & DIRECT MARKETING ?? Heb je dan meer winst en dus meer geld ? Einde previeuw Voor meer info over dit boek van mij, ga naar www.hajrobv.nl Kleine introductie met oprichting Hajro Hajro zet zich in voor de mensen in provincie Gelderland, door mensen aan het werk te houden, door te doneren aan Goede Doelen, en door jou te helpen om rijker te leven. Tegenwoordig is Hajro een dochteronderneming van Hajro Groep. De Hajro Groep bestaat uit 20 verschillende ondernemingen, die allemaal deel uit maken van 1 overkoepelende organisatie. We hebben nou verschillende producten & diensten, en we steunen meer dan 40 Goede Doelen. Bezoek ons op www.hajrobv.nl en ontdek wat we nog meer voor jou kunnen betekenen. Hopelijk word je een lovende klant van ons. Ik wens je in ieder geval veel voorspoed & geluk. Meer boeken van Jasmin Hajro : Victorious serie : 1. Bouw jouw Fortuin 2. Moneymaker 3. Recept voor Geluk 4. de Reddingsboei voor banken"loyaal bankieren" 5. de Ultieme Winnende Strategie voor ondernemers 6. Gedichten, grapjes en boek 7. Victorie 8. Victorie II 9. Altijd werk & altijd geld op zak, iedere dag 10. Dingen die je Niet wil weten Work to shine serie : 1. Moeilijke tijden overwinnen 2. Victorie III 3. jouw Eigen Bedrijf starten & succesvol maken, in de keiharde realiteit waar 't niemand interesseert 4. Coole jongen 5. De pen die je 100.000,- euro oplevert 6. Tieten, hoe schrijf ik een boek ? 7. Te persoonlijk, handgeschreven 8. Te persoonlijk, handgeschreven II 9. Beveiligen & beschermen van jouw zaken & jouw bedrijf 10. De kunst van goed advies geven Mama Azema serie : Voor jou You legend serie : Grote ballen Vrede religie Legacy serie : 1. Actie als strategie 2. Je kan het (pre order) 3. de Ultieme Winnende Strategie, voor schrijvers 4. Gewoon doorgaan Overige titels : Double your profits Oprichting Hajro, het conglomeraat Double your profits, extended Bundels : Het grootse, beste & meest spectaculaire boek ter wereld Victorious series Verdubbel je winst & je banksaldo in 4 maandjes Work to shine serie jouw Word een schrijver gids I jouw Word een schrijver gids II Maximale winst

www.ingramcontent.com/pod-product-compliance
Lightning Source LLC
Chambersburg PA
CBHW081448220526
45466CB00008B/2553